IMPRESSUM

Mit 46 Fotos von Manfred Dorner
Fotos S. 38/39, 48, 68/69, 72, 73, 103 von Leo Ochsenbauer
Fotos S. 49, 50, 52/53 von Martin Helmers
Fotos S. 28, 40 von Walter Moraru
Mit Texten von Leo Ochsenbauer

Lesen Sie auch unsere Dekobooks, die wasserfesten Bücher für Unterwasser:

Für die Fische – Fischführer Süßwasser, Dieter Baumann (ISBN-13: 978-3-9502122-1-1)
Abgewrackt – Auf der Suche nach dem Alteisen, Rene Heese (ISBN-13: 978-3-9502122-2-8)

1. Auflage November 2006
Copyright © 2006 by Verlagsedition nullzeit.eu
Alle Rechte vorbehalten
Umschlaggestaltung und Layout: Walter Moraru, Wien (panthera.at)
Co-Layout: Sonja Kadlec
Umschlagfoto: Manfred Dorner
Druck: MKT Print d.d. Book Production, Ljubljana
Printed in Slovenija

Freitauchen – Meine Welt in Bildern
ISBN-10: 3-9502122-0-5
ISBN-13: 978-3-9502122-0-4

Verlagsedition nullzeit.eu, Wien
A-1150 Wien, Hollergasse 51
verlag@nullzeit.eu
http://verlag.nullzeit.eu

FREITAUCHEN

Meine Welt in Bildern

Manfred Dorner

Leo Ochsenbauer

Christian Redl

DIE AUTOREN

MANFRED DORNER

Manfred Dorner erblickte am 23. Oktober1957 in Berndorf, Österreich, das Licht der Welt. Der bekannte Unterwasser-Fotograf taucht seit 1992, ist aber bereits seit 1971 fotografisch tätig. Seine Arbeiten erschienen bisher unter anderem in den Tauchmagazinen Tauchen, Unterwasser, SeaStar und Megadive, etlichen Tageszeitungen, wie etwa der österreichischen Kronen Zeitung und dem Kurier, sowie in unzähligen Magazinen, unter anderem im Sport Magazin, Profil, Move und vielen mehr.

Er zählt zu den bekanntesten Fotografen der Freitauchszene und war in dieser Funktion bei diversen Staatsmeisterschaften, Weltrekordversuchen und Eistauchveranstaltungen als Eventfotograf dabei. Zu seinen persönlichen Highlights zählte 2001 die Weltmeisterschaft im Freitauchen auf Ibiza, bei der er als Fotograf für die österreichische Nationalmannschaft fungierte.

LEO OCHSENBAUER

Leopold Ochsenbauer, wie sein vollständiger Name lautet, wurde am 29. September 1967 in Wien, Österreich, geboren. Er taucht seit 1994 und arbeitet hauptberuflich als Schriftsteller und freier Journalist für diverse Medien, wie etwa den Tauchsportmagazinen Aquanaut (CH) und Seastar Tauchsport (D). Daneben ist er Herausgeber und Chefredakteur des Online-Wassersportmagazins nullzeit.at.

Seinen journalistischen Grundstein legte er – nach einigen Jahren Tätigkeit als Aufnahmeleiter beim österreichischen Spielfilm – bei der Austria Presse Agentur (APA). Im Juni 2006 erschien sein bislang letztes Buch (das monatelang die Tauchbüchercharts bei Amazon.de anführte) "Nullzeit, Sex und Tiefenrausch – 333 Antworten auf Taucherfragen" im deutschen Kosmos Verlag.

CHRISTIAN REDL

Der Freitaucher Christian Redl wurde am 21. April 1976 in Korneuburg, Österreich, geboren. Bereits mit 10 Jahren sammelte er seine ersten Taucherfahrungen. Seit 1996 ist er dem Freitauchen verfallen, was unter anderem auch zur Gründung der Freitauchorganisation AIDA Österreich und zur Teilnahme an der 2. Weltmeisterschaft im Freitauchen führte.

Seit 1999 ist Christian Instructor der Apnea Academy von Umberto Pelizzari, bei dem er auch seine Freitauchausbildung absolviert hatte. Den bisherigen Höhepunkt seiner Freitauchlaufbahn erreichte er im Februar 2003, als er zwei Weltrekorde im Streckentauchen unter Eis aufstellte, sowie im September 2006, als er einen weiteren Weltrekord für den längsten Höhlentauchgang eines Freitauchers schaffte. Neben seiner hauptberuflichen Tätigkeit als Freitaucher arbeitet er auch als Unterwasser-Stuntman.

INHALT

VORWORT

Je tiefer man in die faszinierende und fremde Welt der Ozeane vordringt, desto stärker gelangt man auch zu sich selbst. Durch die Fokussierung auf das innerste Ich gerät man in Einklang mit der Umgebung und wird Teil des Elements Wasser, das ich immer so geliebt habe.

Während meiner aktiven Zeit als Freitauchprofi, bei jedem meiner Weltrekorde, habe ich diese Rückkehr in „meine" Welt immer am meisten genossen. Jeder Tauchgang verstärkt meine Empfindungen, jede neuerliche Endorphinausschüttung intensiviert meine Emotionen. Meter um Meter, den ich abtauche, finde ich mehr und mehr zu mir selbst zurück.

Als ich von meinem Freund Christian um ein Vorwort für dieses Buch gebeten wurde, kam ich dieser Bitte daher nur allzu gerne nach. Die uns umgebende, blaue Welt ist unser aller Lebenselixier und war mir auch immer ein guter Gastgeber bei all meinen Freitauchgängen. In diesem Buch wird sie in der für uns Freitaucher schönsten Form dargestellt.

Es ist mir persönlich ein Anliegen, den Nachwuchs für diesen wundervollen Sport zu fördern und möglichst vielen Menschen die lautlose Schönheit des Freitauchens näher zu bringen. Durch meine Tätigkeit als Apnoe-Instruktor in meiner Apnea Academy International habe ich dazu auch die Gelegenheit, die für mich zugleich Berufung ist.

Genießen Sie also vorweg mit diesem Buch die Schönheiten der Unterwasserwelt und tauchen Sie mental in unsere blaue Welt. Und nach vielen entspannten Stunden beim Lesen dieses Buches sehen wir uns vielleicht demnächst auch Unterwasser wieder – es würde mich freuen!

Ihr
Umberto Pelizzari
Mehrfacher Apnoe-Weltrekordhalter und Apnoe-Weltmeister
Apnoe Instructor der Apnea Academy

[Man taucht nicht ab um sich umzusehen, sondern um in sich selbst hinein zu schauen.]

Umberto Pelizzari

ABSTRAKTE WELT

[Das Unermessliche und Unendliche ist für den Menschen ebenso notwendig, wie dieser kleine Planet auf dem er lebt.]
Dostojewski

Der größte Teil des Planeten, auf dem wir leben, ist unerforscht und steckt voller Geheimnisse.

Weit über 70 Prozent der Erdoberfläche sind mit Wasser bedeckt und bis dato nur marginal erforscht. Wir bauen Raumschiffe, die uns auf benachbarte Planeten und Trabanten bringen, um mehr über diese zu erfahren, dringen immer weiter in die Urwälder vor und trachten danach, mit Satelliten möglichst viel unserer Erde abzulichten. Je mehr wir jedoch über den aus dem Wasser ragenden Teil unserer Heimat erfahren, umso rätselhafter, geheimnisvoller und unbekannter bleibt der große Rest.

Wie soll man es denn auch erklären, dass es weltweit nicht einmal eine Handvoll Forschungsboote gibt, die in die größeren Tiefen unserer Weltmeere vorstoßen können, derzeit kein einziges, das den tiefsten Punkt der Erde in rund 11.000 Meter im Marianen-Graben erreicht, hingegen aber eine Vielzahl an Raumschiffen, die Jahr für Jahr ins Weltall fliegen?

Der Mensch kommt aus dem Meer – es ist seine ursprünglichste Heimat – dennoch zieht es Jahr für Jahr nur einen kleinen Teil auch in selbiges zurück. Die Riege der Sport- und Freizeittaucher wächst allerdings kontinuierlich seit einigen Jahrzehnten. Seit der Erfindung der Aqualunge im Jahr 1943 ist es um vieles leichter geworden, Tauchgänge zu unternehmen.

Dennoch ist der Tauchsport an und für sich ein bedeutend älterer – allerdings ohne spezielles Tauchgerät. Die ersten Menschen, die mittels Freitauchen ihren Lebensunterhalt bestritten, lebten vor rund 6.500 Jahren. Seit damals ist die Grundtechnik die selbe geblieben. Der Freitaucher holt an der Oberfläche tief Luft, hält den Atem an und begibt sich unter regelmäßigem Druckausgleich in die Tiefe.

Auch heutzutage gibt es weltweit noch unzählige Menschen, die durch das Freitauchen ihren Lebensunterhalt bestreiten, so etwa Schwammtaucher oder Perlentaucher. Eine kleine Anzahl an Sportlern weltweit lebt ebenfalls für das lautlose Abtauchen in die Tiefen der Meere – bei den meisten von ihnen sind die Motive ident: das Erleben der Schwerelosigkeit, das Eintauchen in ihr innerstes Selbst und das Erreichen immer neuer persönlicher Grenzen, um dabei schlussendlich zu sich selbst zu kommen.

Einer der berühmtesten Freitaucher der Welt, der Italiener Umberto Pelizzari, beschrieb dieses zu sich selbst Finden wohl am besten: „Jedes Mal wenn ich auf-tauche, treffe ich eine Entscheidung: ich entdecke mich selbst mit jedem Meter aufs Neue in meiner menschlichen Dimension – um wenig später die Wasserober-fläche zu durchstoßen und das Licht wiederzusehen."

Denn wie heißt es so schön? Wir kommen aus dem Licht und gehen auch zurück in das selbige.

BLAUE WELT

[Um sich selbst zu erkennen, muss man handeln.]

Albert Camus

Wie bereits erwähnt, besteht der Großteil der Erdoberfläche aus Wasser, was unseren Planeten auch einzigartig in unserem Sonnensystem macht. Das Wasser der Weltmeere ist die Geburtsstätte und Träger allen Lebens auf der Erde. Bei der Geburt unseres blauen Planeten war es noch nicht vorhanden. Wasserstoff und Sauerstoff waren noch nicht jene Verbindung eingegangen, die unser Leben erst ermöglichte.

Als in den ersten „Tagen" des Planeten die Temperatur der Atmosphäre langsam auf unter 365° Celsius absank, vereinigten sich die Wasserstoff- und Sauerstoffatome zur chemischen Verbindung H_2O. Aus dem damals entstandenen Dampf formten sich – nach einer erneuten Abkühlung der Erdoberfläche – die ersten Wassertropfen, es begann in Strömen zu regnen. Unaufhörlich, über tausende von Jahren, strömten die Wassermassen vom Himmel und bildeten schlussendlich unsere Ozeane und Seen.

Diese waren die Geburtsstätte des ersten Lebens. Primitive, lebende Gallertmassen bildeten die Grundlage für unser heutiges Dasein – das der Tiere und das der Pflanzen. Letztere wiederum erhalten auch unser Leben aufrecht, indem sie Wasser aufnehmen und Sauerstoff abgeben. Eine vorherrschende Meinung besagt, dass der Großteil des heutzutage weltweit existierenden Sauerstoffs in den grünen Weiten der Regenwälder gebildet wird. Dies ist allerdings eine Irrmeinung.

Rund zwei Drittel des auf der Erde vorhandenen Sauerstoffs entstammt den Weltmeeren. Es sind also nicht die grünen Weiten, die unser Leben aufrecht erhalten, vielmehr die blauen Weiten unseres Planeten.

Taucht man in dieses lebensspendende Element ein, taucht man dadurch zugleich in das eigene Ich. Rund 65 Prozent unseres Körpers bestehen aus Wasser – man kommt also aus selbigem, besteht aus selbigem und taucht in selbiges, ein ewiger Kreislauf. Nicht das Wasser ist es, das uns fremd ist – eigentlich sollte das befestigte Land uns Menschen fremd sein.

Das blaue Element ist unsere wahre Heimat, ohne die ein Leben – wie wir es kennen – auf diesem Planeten nicht möglich wäre.

Dennoch ist es vor allem die Menschheit, die genau diese Heimat stetig vernichtet – nicht langsam, sondern rasend schnell. Der Großteil der Weltmeere ist bereits stark verunreinigt, laut aktuellen Zahlen der Weltgesundheitsorganisation WHO gelten 70 Prozent aller Meere als überfischt, was bedeutet, dass das biologische Gleichgewicht nicht nur unausgewogen, sondern schlicht nicht mehr vorhanden ist und diese Meere vom Kollaps bedroht sind.

Es ist keine Utopie und auch kein zu oft genutztes Zitat, es ist einfach die unumstößliche Wahrheit: Stirbt das Meer, stirbt der Mensch. Und nach derzeitigem Wissensstand, wird unsere Generation das noch erleben – oder eben auch nicht. Es liegt allein an uns Menschen.

VERSUNKENE WELT

[Schöne Tage – nicht weinen, dass sie vergangen,
sondern lächeln, dass sie gewesen.]

Rabindranath Tagore

Versunkene Überreste alter Zeiten erinnern den Menschen immerzu daran, wie vergänglich doch alles Irdische ist. Das Mysterium alter Schiffe und Wrackteile am Meeresgrund, das Geheimnisvolle und Absurde ist es, das die meisten Taucher an diesen Boten vergangener Tage reizvoll finden und das sie immer wieder zu Wracktauchgängen verleitet.

Wie viel reizvoller ist es jedoch, diese Umgebung in absoluter Stille in sich aufnehmen zu können, die auf einen selbst während eines solchen Tauchgangs permanent einströmenden Eindrücke abgeschotet von jeglichen Umwelteinflüssen wirklich tief in sich aufnehmen zu können. Freitaucher erleben diese fremde Welt auf eine gänzlich andere Art und Weise, als dies etwa einem Gerätetaucher möglich ist.

Das eins sein mit der Umgebung, das Eintauchen in die Tiefen dieser fremden Stahl-hülle, das völlige Abschaltenkönnen und Loslassenkönnen zeichnet den Freitaucher aus und gibt ihm dieses einmalige Gefühl der Schwerelosigkeit und des In-sich-Zurückziehens, das ihn immer wieder an diese Orte drängt.

Das Licht scheint sanft durch die Fischernetze, die als stumme Zeugen ihren letzten Ruheplatz auf den Rettungsbootauslegern des Wracks gefunden haben und dem langsamen Verfall ihres neuen Gastgebers nichts entgegenzusetzen haben. Die Auf-bauten des einstmals so stolzen Schiffes geben langsam aber sicher ihren bereits beinahe ein Jahrhundert andauernden Kampf gegen das unerbitterliche Meer auf.

Jahrein, Jahraus fordern Horden an Pressluftjüngern ihren Tribut von diesem Wrack. Nicht allein die Schatzjäger sind es, die dem Schiff zusetzen, auch die ver-brauchte Luft der Gerätetaucher leistet der Korrosion des Rumpfes und der Aufbauten, sowie des Vermoderns der Holzbeplankung, raschen Vorschub.

So reizvoll es auch sein mag, die einstigen Mannschaftskabinen und den Maschinenraum, die Laderäume und die Technikabteilung während eines ausgedehnten Tauchgangs unter die Lupe zu nehmen – wie viel zärtlicher geht doch der Freitaucher in der kurzen, ihm verbleibenden Zeit mit dem ihn umgebenden Wrack um.

Keine Luftblase verlässt seine prall gefüllten Lungen, kein Geräteteil stößt an eine, dem endgültigen Untergang preisgegebene, Beplankung, kein Gegenstand findet den nicht mehr nachvollziehbaren Weg in eine der unzähligen Taschen eines Jackets.

Die Stahlhülle dient ihm – gleich den ihn umschwärmenden Fischen – als liebevoller Gastgeber und als Hort der Gedanken und Empfindungen, die der Freitaucher in der ihn umgebenden Stille hegt, um sie im Anschluss an seinen Tauchgang an der Oberfläche zu verarbeiten und immer und immer wieder Revue passieren zu lassen.

Bis er wieder seine Lungen füllt und sich auf den nächsten Teil seiner Expedition in die Tiefe begibt.

GRENZWELTEN

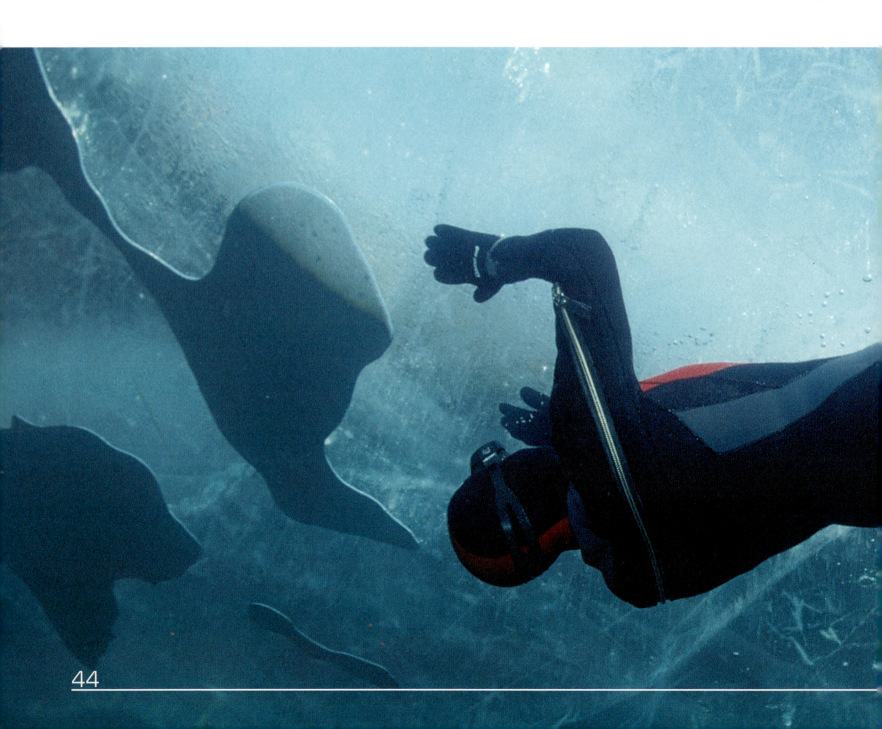

[Trenne dich nicht von deinen Illusionen. Wenn sie verschwunden sind, wirst du weiter existieren, aber aufgehört haben zu leben.]
Mark Twain

Die Leistung eines Menschen ist die Summe der Gesamtereignisse, die jedes für sich genommen eventuell eine Kleinigkeit darstellen, zusammen gerechnet allerdings das Vordringen in Grenzbereiche ermöglichen, die man davor als nicht erreichbar erachtet hat.

Solange ein Mensch Träume hat, wird er immer weiter wachsen. Gibt er diese auf, hört er nicht etwa nur auf vorwärts zu schreiten, sondern geht in großen Schritten rückwärts. Welche Träume ein Mensch dabei hat, ist weniger wichtig, als was er daraus macht. Nicht in den festgefahrenen Bahnen fest zu stecken, sondern neue zu erobern und zu erforschen, ist es, das uns auszeichnet. Und dies beginnt nicht etwa erst im hochwissenschaftlichen Bereich, sondern im kleinen, eigenen Wirkungskreis des Individuums.

Bei Freitauchern etwa ist dies die stetige Umsetzung neuer Ideen und Illusionen. Seien es die klassischen Vorstellungen, wie etwa das Tauchen mit Delfinen, oder aber auch das Vordringen in Grenzbereiche des eigenen Selbst.

Tauchgänge in immer größere Tiefen, unter einer geschlossenen Eisdecke oder das Erforschen unterirdischer Höhlensysteme zählen zu diesen Grenzwelten, die manche Freitaucher zu erkunden trachten. Einige bezahlen für ihre Grenzerfahrung dabei mit dem Leben – wie die vor allem beim Vordringen in immer größere Tiefen ansteigenden Unfallzahlen auch belegen. Dennoch sind diese Tauchgänge per se unvermeidlich, liegt es doch in der Natur der menschlichen Seele, die persönlichen Grenzen auszuloten.

Man mag persönlich davon halten, was man will, wenn wir aber ehrlich sind, träumt doch jeder von uns davon, einen kleinen Blick über diese Grenzen zu werfen und Neues zu erkunden.

Derjenige, welcher seine Träume nicht nur hegt, sondern sie auch in die Wirklichkeit entschweben lässt, welche Anstrengung auch immer damit verbunden sein mag, besitzt die Fähigkeit, diese Grenzwelten zu betreten. Träume wollen verwirklicht werden – auch unter Freitauchern.

Am 17. September 2006 betauchte Christian Redl als erster Freitaucher das unterirdische Höhlensystem, das die in Mexiko liegenden Cenoten Corral und El Eden verbindet. Die im geschlossenen Höhlensystem absolvierte Tauchstrecke betrug 101 Meter, für die er 1 Minute und 16 Sekunden benötigte. Inklusive Auf- und Abstieg legte er insgesamt rund 120 Meter zurück.

Dieser Blick in eine unbekannte Welt jenseits der Grenzen brachte ihm seinen mittlerweile bereits dritten Eintrag im Guinness Buch der Weltrekorde.

[Wer einen Fehler gemacht hat und ihn nicht korrigiert,
begeht einen zweiten.]

Konfuzius

Um an Grenzen zu gelangen ist es vorab erforderlich, sich auf die Reise zu begeben. Wie bei jeder Reise bedarf es einer entsprechenden Vorbereitung. Wer sich unvorbereitet auf den Weg macht, wird wohl niemals am gewünschten Ziel ankommen.

Beim Freitauchen besteht die Reise aus dem Tauchgang selbst, die Vorbereitung aus dem Zusammenführen des Verstandes mit dem Körper und all seinen Sinnen. Der Körper wiederum dient als Wagen, der den Freitaucher an das gewünschte Ziel bringt. Um das „Fahrzeug" für den bevorstehenden Ausflug bereit zu machen, gilt es, eine Einheit von Körper, Geist und Seele zu schaffen.

Dafür zieht der Freitaucher sich vor jedem Tauchgang in sich selbst zurück und beginnt mit seinen Entspannungsübungen. Er richtet seinen Geist auf einen imaginären Punkt, reduziert sein Denken, seine Sinne und sein Tun und wird langsam eins mit der Unendlichkeit. Sein Atem wird schwächer, seine Pulsfrequenz sinkt und der Körper und der Geist entspannen sich.

Behutsam und bewusst atmet er einmal tief ein. Die einströmende Atemluft gelangt zuerst in den unteren Teil der Lungenflügel, um dann stetig die gesamte Lunge zu füllen. Der Bauch des Freitauchers hebt sich, die Flanken und der obere Brustkorb weiten sich. Langsam atmet er wieder aus und entspannt dabei seine Atemmuskulatur. Dabei zieht sich sein Bauch zusammen, sein Zwerchfell hebt sich und massiert sein Herz.

Einatmen – die Luft kurz Anhalten – Ausatmen. Mit jedem Zyklus wird mehr verbrauchte Luft abgegeben, so dass die Lunge sich bis in den letzten Winkel mit frischer, sauerstoffhaltiger Luft füllen kann. Der Freitaucher ist nun immer mehr dem Jetzt und Hier entrückt und innerlich bereits auf seinem Weg zu fernen Zielen.

Langsam öffnet er die Augen. Dicht vor ihm die Wasserdecke, die es in Kürze zu durchstoßen gilt, um erneut in die ihm eigene Welt der Stille vorzudringen. Ein weiteres Mal drückt das Zwerchfell beim Einatmen auf die Bauchorgane, die Lunge füllt sich. Noch einmal lässt er die Luft in einem lange andauernden Ausatemvorgang entweichen und begibt sich ins Wasser.

Ein letzter, langer Atemzug füllt seine Lungen, seine vom intensiven Training gestählten Muskeln spannen sich. Sein Körper knickt in der Mitte ab, sein Kopf durchstößt als erstes die Wasseroberfläche, seine Beine strecken sich gen Himmel und sanft gleitet er – ohne jegliche erkennbare Anstrengung – in die Tiefe hinab.

Der Freitaucher ist in seine Welt zurückgekehrt.

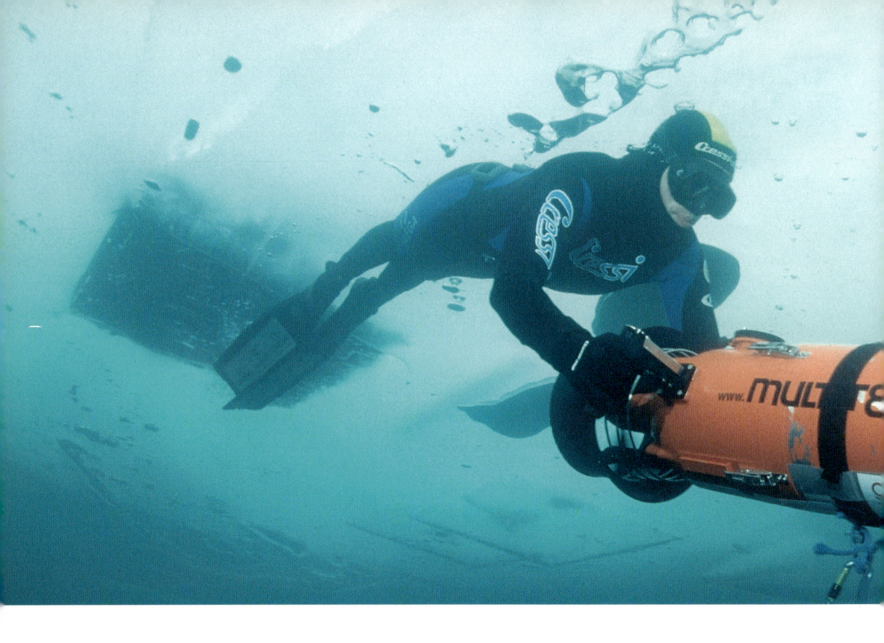

GRENZENLOSE WELT

[Der Ruhm glänzt wie die Sonne mit eignem Licht. Die Ehre gleicht der Erde, die mit geborgten Strahlen leuchtet.]

Ludwig Börne

Der Freitaucher bereitet sich vor. Rund um ihn nur Stille, Eis und Schnee. Bald, sehr bald, ist es soweit und das monatelange Training soll zum gewünschten Erfolg führen. Es gilt einen neuen Weltrekord aufzustellen, eine weltweit einzigartige Leistung zu vollbringen, genau an diesem Tag, zu dieser Stunde, mehr als die üblichen 100 Prozent zu geben. Der Freitaucher bereitet sich vor.

Die Wassertemperatur liegt um die 2 Grad Celsius, die Sonne schickt ihre Strahlen als Vorboten des nahenden Frühlings und versucht – ohne Erfolg – den Bergsee, der von einer 15 cm dicken Eisschicht bedeckt ist, zu wärmen. Rund um den See stehen die Helfer – Trainer, Taucharzt, Wasserrettung, Sicherungstaucher, Betreuer – und starren gebannt auf den Freitaucher, der schier endlose Minuten in seiner meditativen Einkehr verharrt und sich mental auf den bevorstehenden Tauchgang einstellt. Der Freitaucher bereitet sich vor.

Langsam öffnet er seine Augen, betrachtet lange und ausgiebig das kleine Loch im Eis direkt vor ihm. Er weiß, dass es soweit ist. Er weiß, dass es an ihm ist, diesen See zu bezwingen. Vorsichtig steht er auf, tritt an die Öffnung und lässt sich rasch hinabgleiten. Ein kurzer Moment des Zauderns – das Wasser lässt den Körper auf „Notstrom" zurückschalten und fordert doch Höchstleistungen von ihm. Ein bizarrer Gegensatz. Der Freitaucher nimmt rasch einige Atemzüge frischer Luft in sich auf, bevor er sich in das Dunkel des Sees hinabgleiten lässt.

Ein kurzer Blick am Sicherungsseil entlang, der psychische Druck durch den fehlenden direkten Ausstieg nach oben nimmt mit jedem zurückgelegten Meter überproportional zu. Der Sauerstoffverbrauch zur Versorgung der zitternden Muskulatur vernichtet binnen kürzester Zeit den zuvor aufgenommenen Luftvorrat. Der Flossenschlag erfolgt automatisiert. Die monatelange Vorbereitung zahlt sich aus.

Um einer Übersäuerung der Muskulatur vorzubeugen, darf der Freitaucher nicht zu schnell schwimmen. Damit er die angepeilte Strecke dennoch bewältigt, muss er eine genau festgelegte Geschwindigkeit einhalten. Meter um Meter gleitet der Freitaucher unter der Eisdecke am Orientierungsseil entlang. 10 Meter, 20 Meter, 30 Meter, …

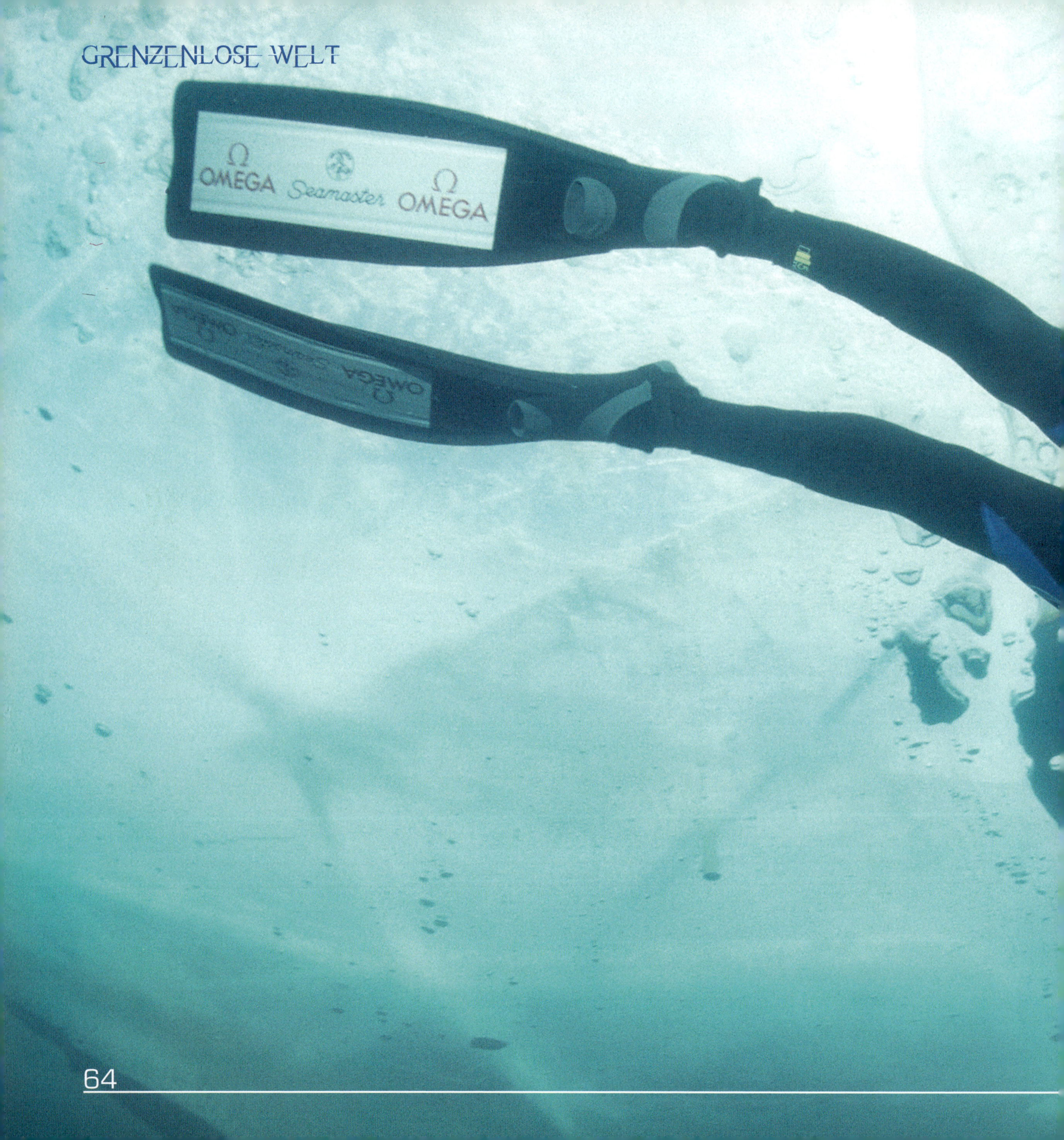
OMEGA
Seamaster
OMEGA

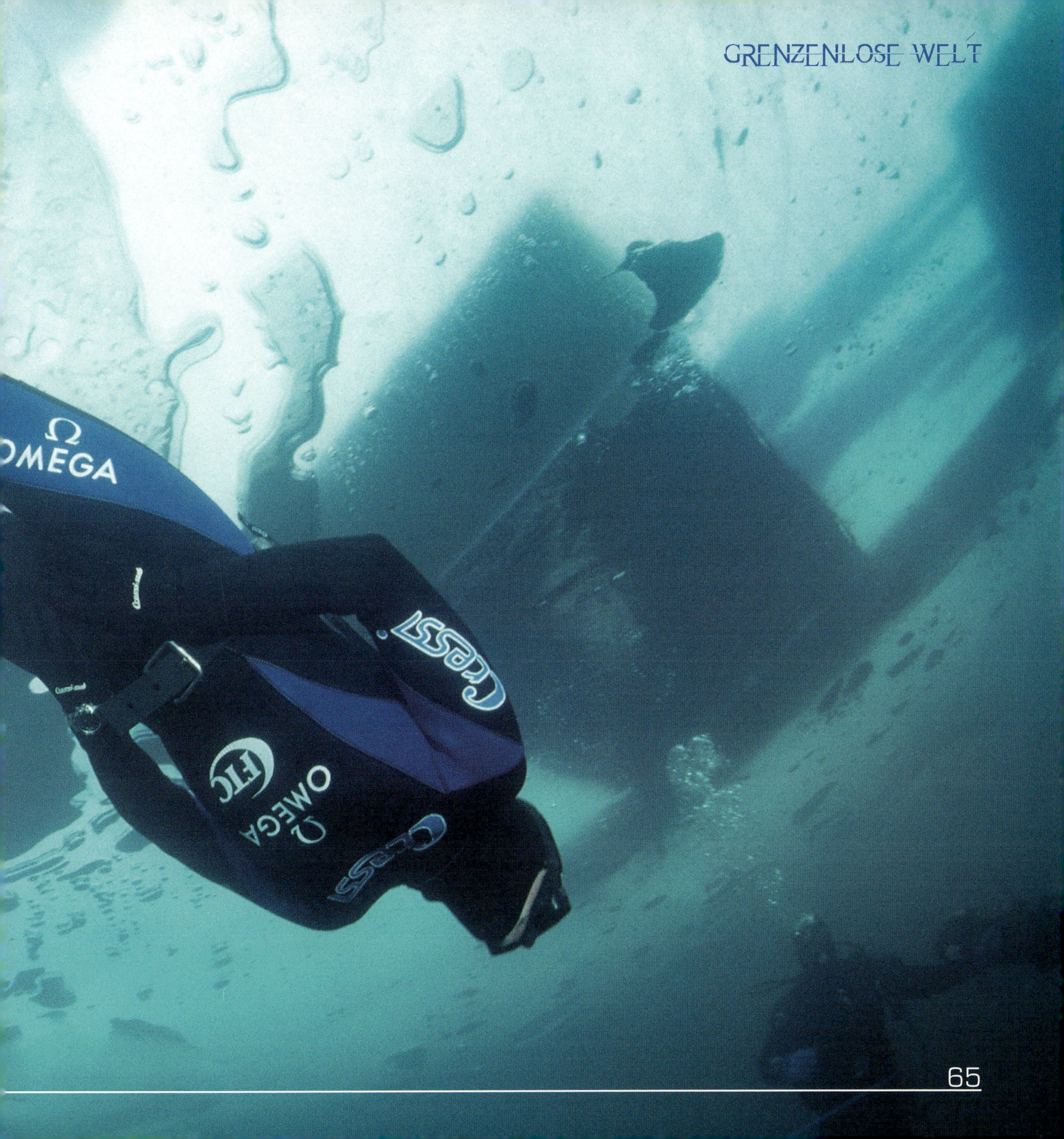
OMEGA
cressi
FTC
OMEGA
cressi

In der Ferne taucht ein Licht auf. Der nahe Ausstieg winkt. Ein letztes Mal mobilisiert der Freitaucher seine langsam durch die Kälte erlahmenden Kräfte und steuert dem sicheren Ausgang entgegen. Exakt nach 1 Minute und 40 Sekunden durchbricht er die bereits hauchdünn zugefrorene Ausstiegsöffnung. Der Weltrekord ist geschafft!

Am 14. Februar 2003 tauchte Christian Redl unter der festen Eisdecke des Weissensees in Kärnten, Österreich, aus eigener Kraft über eine Strecke von 90 Meter und übertraf damit den bisher geltenden Weltrekord des Italieners Nicola Brischigiaro um 5 Meter. Bei einem weiteren Tauchgang legte er 150 Meter mit Hilfe eines Scooters zurück, Nicola schaffte zuvor nur 100 Meter. Der Weltrekord über 90 Meter aus eigener Kraft wurde im Guinness Buch der Weltrekorde aufgenommen, als einer der wenigen durch Freitaucher aufgestellten Rekorde, die in diesem Buch enthalten sind.

Mit dieser Leistung verwirklichte Christian Redl seinen Traum – und an Träumen soll man festhalten und sie im besten Fall sogar in die Realität entlassen. All die Monate der Vorbereitung, des Trainings und der Entbehrung hatten zu diesem Zeitpunkt bereits ihre Spuren hinterlassen. Doch der Rekord entschädigte ihn für vieles.

Wer die Fähigkeit besitzt, aus Unannehmlichkeiten Positives mitzunehmen, hat auch die Fähigkeit, an diesen Unannehmlichkeiten zu wachsen und sie für seine Zwecke auszunützen.

SPIEGELVERKEHRTE

WELT

[Nichts bewahrt uns so gründlich vor Illusionen, wie ein Blick in den Spiegel.]

Aldous Huxley

Die Sonnenstrahlen dringen durch die Wolkendecke und beleuchten eine skurrile Szenerie: Auf der rund 60 cm starken Eisdecke des Sees laufen Menschen in reger Tätigkeit hin und her, Zelte werden errichtet, eine Motorsäge kreischt auf und durchbricht die Eisdecke, große Löcher werden an diversen Stellen des ansonsten ruhig da liegenden Gewässers geschnitten. Europas höchst gelegener Badesee, der Weissensee im österreichischen Kärnten, ist zum wiederholten Male Schauplatz eines Freitauchevents der etwas anderen Art.

Eine auf dem Eis beheimatete – und ursprünglich Mitte des 19. Jahrhunderts in Kanada entwickelte – Sportart, Eishockey, wird seit einiger Zeit auch unter dem Eis gespielt. Die Freitaucher Jaromir Foukal und Dieter Baumann kreierten diese spiegelverkehrte Welt, der Apnoeist Christian Redl vervollkommnete sie zusammen mit seinem Trainingspartner Jaromir Foukal zu einem Länderspiel.

Seit 2005 finden diese Spiele alljährlich an diesem ansonsten eher idyllischen Ort statt und locken von Jahr zu Jahr mehr Zuseher in diese Region.

Nach dem im Jahr 2005 ausgetragenen Länderspiel Österreich : Deutschland, das noch mit einem 8 : 8 unentschieden beendet wurde, gelang im darauffolgenden Jahr beim Duell Österreich : Slowakei bereits ein 9 : 8 Sieg der heimischen Mannschaft. Für das Jahr 2007 wird gar eine Weltmeisterschaft mit mehreren Teams aus aller Welt geplant. Aber wie kann man sich dieses Turnier nun vorstellen?
Einfach spiegelverkehrt eben.

Die Spielfläche beträgt 8 x 6 Meter, die Tore werden an der unteren Seite des Eises befestigt, der Styropor-Puck schwimmt unter der Eisdecke. Innerhalb der drei Spielzüge zu je 10 Minuten können die Spieler wechseln, so oft sie wollen. Dadurch werden viele taktische Varianten möglich, von kurzen Tauschintervallen bis hin zum bewussten Ausnützen der Austauschphasen der konkurrierenden Mannschaft.

Von klarem Vorteil ist naturgemäß jene Mannschaft, die am längsten ohne Luft die kraftraubenden Flossenschläge und Bodychecks mit den Gegnern überstehen kann.

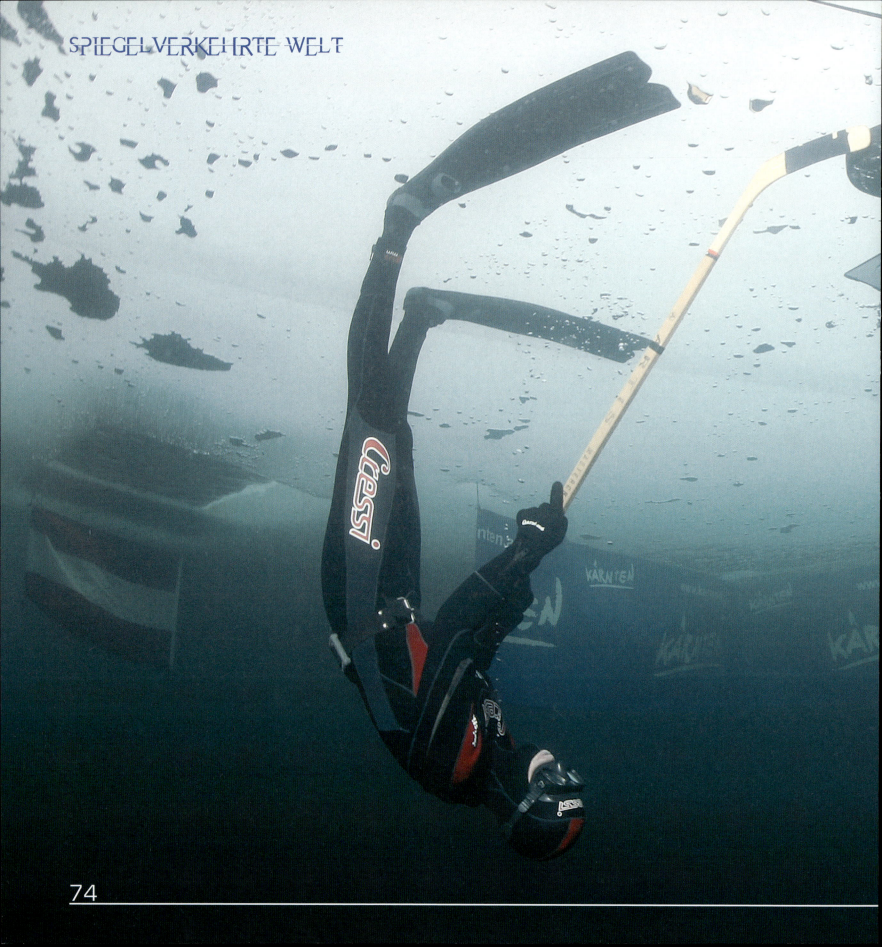

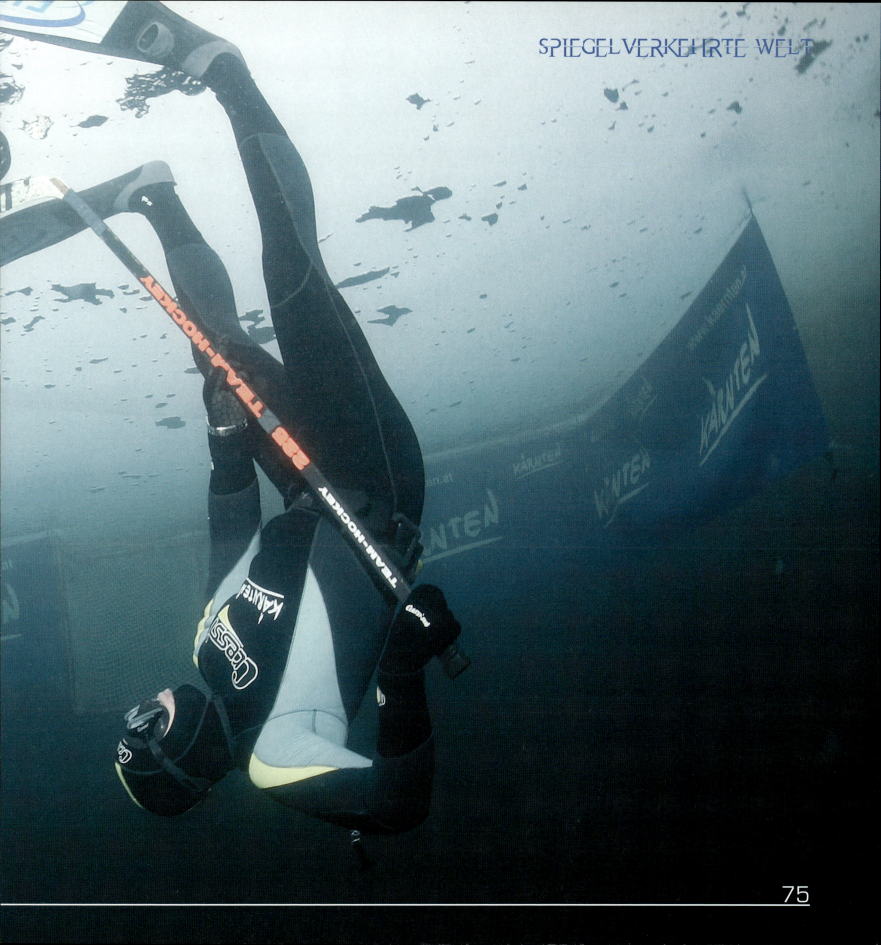

Marinepool
Ringturm Osteuropa Aktien Fonds
www.ringturm.at

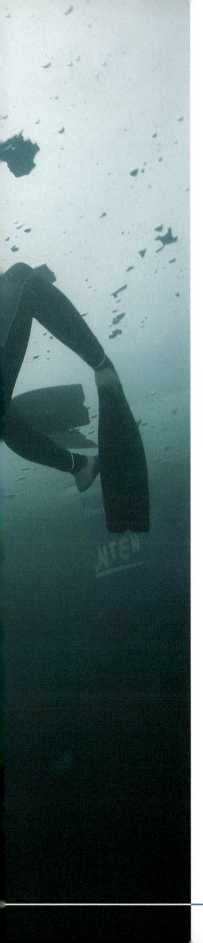

Erschwerend bei der ganzen Sache ist die Wassertemperatur. Können Freitaucher im warmen Wasser durchschnittlich bis zu 5 Minuten die Luft anhalten, sinkt diese Fähigkeit bedingt durch den fünfmal höheren Energiebedarf des Körpers im nur 2 Grad kalten Eiswasser rapide ab.

Dazu kommt noch, dass bei einem Absinken der Körperkerntemperatur auf unter 34° Celsius (normal 36°) Orientierungsschwierigkeiten und situative Fehleinschätzungen auftreten können. Der Taucher könnte unter Umständen das rettende Ausstiegsloch nicht mehr finden. Hier sind die immer anwesenden Sicherungstaucher als rettende Hilfe unersetzbar. Während der Pausen bekommen die Freitaucher überdies erwärmte Atemluft, um die Lungen zu entspannen und die Körpertemperatur zu stabilisieren.

Wer einmal diese Szenerie in Natura miterlebt hat, wird sie so schnell nicht mehr vergessen. Der Spaß am Freitauchen, das Spiel im Wasser, die Luftblasen der Sicherungstaucher an der Eisunterseite, die Freude der Spieler und die Begeisterung der Zuseher – ein Miteinander beim Ausüben dieser wunderbaren Sportart. Frei-Tauchen eben.

Cressi
KÄRNTEN
CARBO composite TECH
Marinepool
Cressi
KÄRNTEN
KÄRNTEN
KÄRNTEN
TERNO

VERRUECKTE WELT

[Das Unendliche ist weit, vor allem gegen Ende.]

Alphonse Allais

Die Welt auf der wir leben ist eine seltsame und eigenartige. Auf der einen Seite liegt der Himmel, der sich in die Troposphäre, die Stratosphäre, die Mesosphäre, die Thermosphäre und schlussendlich in die Exosphäre gliedert, bevor er in die unendlichen Weiten des Alls eingeht.

Auf der anderen Seite unser kleiner Planet Erde. Im Prinzip besteht dieser aus drei Schichten: der Erdkruste, auf der wir uns fortbewegen, dem Erdmantel, der darunter liegt, und dem Erdkern, der das Innerste bildet. Und doch sehen wir immer nur die Kruste des Ganzen – der Großteil bleibt im Verborgenen.

Auch in der Wasserwelt ist nur ein kleiner Teil erkennbar, nämlich die oberste Meeresschicht, das Epipelagial. Darunter beginnt die Tiefsee. Nur einigen wenigen Menschen war es vergönnt, einen Blick in die Sphären des Mesopelagials, des Bathypelagials, des Abyssals und schlussendlich jenen der größten uns bekannten Meerestiefen, des Hadals, zu werfen.

Und doch fasziniert die Menschheit seit Angedenk unserer Tage dieses Zusammenspiel von Erde, Wasser und Licht – von oben und unten, von hüben und drüben. Weltreligionen wurden einzig und allein darauf begründet, dass es doch „da oben" etwas geben müsse und dieses Etwas „da unten" einen Gegenpol benötigt.

Die Menschheit trachtete auch immerzu, dieses „da oben" und „da unten" zu erforschen – frei nach dem Motto: „Man weiß ja nicht, man schaut ja nur".

Der Übergang von Licht zu Schatten, von Himmel zu Erde, von Erde zu Wasser, prägte seit Menschengedenken auch das Handeln derselbigen.

In alten Zeiten glaubte man noch, die Erde wäre eine Scheibe, von deren Ende man in die Unendlichkeit stürzen könnte. Wer mag es den damals Lebenden allerdings verübeln, dass sie dieser Meinung waren?

Zu sehr verschmelzen Himmel und Meer, blickt man nur weit genug bis zum Horizont.

Doch auch im Kleinen gibt es Horizonte. Das Verschmelzen von Wasser und Landschaft etwa, blickt man durch eine Tauchermaske zur Hälfte unter und zur anderen über die Wasseroberfläche. Vor allem in klaren Bergseen verschwimmen diese Grenzen und der Taucher genießt auch unter Wasser das Gefühl an Land zu sein.

So wie eine Raupe den Großteil ihres Lebens auf einem Blatt verbringt, dessen Ende ihren Horizont darstellt, ist für den Großteil der Menschen die Landmasse ihr Blatt, das sie nur selten oder nie verlassen. Und dennoch gibt es einen Horizont, der weit von den Landmassen entfernt liegt – wir müssen ihn nur suchen. Manch ein Blick hinter den Horizont eröffnet eine neue Perspektive, aus der wir beim Zurückblicken unser Jetzt auch anders wahrnehmen.

UNBEKANNTE WELT

[Sollte Gott die Welt erschaffen haben, war seine Hauptsorge sicher nicht, sie so zu machen, dass wir sie verstehen können.]
Albert Einstein

Die Menschheit trachtet immerzu, die Wirklichkeit, die uns umgibt, zu beschreiben, sie in Formen zu pressen und Konzepte zu ihrem Dasein zu erstellen. Die wichtigste Grundvoraussetzung für ein solches Konzept ist es dabei, brauchbar zu sein, also Beschreibungen zu erlauben und möglichst nahe an die Wirklichkeit heran zu kommen. Zumindest an jene Wirklichkeit, die sie gerne wirklich werden lassen wollen.

Nun ist es aber so, dass manche „Wirklichkeit" eben nicht mit den naturwissenschaftlichen Phänomenen einhergeht. Noch immer gibt es Dimensionen, die sich der menschlichen Rationalität entziehen und dennoch vorhanden sind. Was also liegt daher dem Menschen näher, als in diesen geheimnisvollen Dimensionen die Ursache für ihre bislang unvollkommenen Beschreibungen zu vermuten?

Weil nicht sein kann, was nicht sein darf – dieser klassische Stehsatz trifft wohl am ehesten die Ansichten der Menschen. Und dennoch wird diese Aussage tagtäglich widerlegt. Wir sprechen hier nicht etwa von Geistern oder ähnlichen Mysterien (wiewohl – es hat bis dato noch niemand die Nicht-Existenz selbiger bewiesen, was eigentlich wiederum eine Existenz selbiger implizieren würde).

Der Großteil unseres Planeten ist unerforscht, es gibt unzählige Geheimnisse auf dieser, unserer Welt zu entdecken, immer wieder Neues auszuprobieren und vieles zu erleben. Was über uns liegt, haben wir bereits zu einem kleinen Teil erforscht, doch all die Geheimnisse der Tiefe blieben bis dato ein Mysterium, das auf eine Entmystifizierung wartet.

Rätselhafte Geschichten über Tiefseelebewesen, unzählige Sichtungen von Riesenkraken und gigantischen Seeschlangen, Inseln, die plötzlich erscheinen und ebenso rasch wieder in den Tiefen der Meere versinken – sie sollen alle nur Erfindung sein?

Lange Zeit betrachtete man es als Realität, dass Riesenkraken nicht existieren – bis man die ersten ans Ufer geschwemmten Exemplare mit bis zu 20 Meter Durchmesser auffand. Lange Zeit betrachtete man es als Realität, dass das Verschwinden von Flugzeugen und Schiffen im Bermuda-Dreieck nur eine unglückliche Anhäufung von Unfällen war – bis man herausfand, dass exakt in dieser Gegend eine enorme Ansammlung an unterseeischen Vulkanaktivitäten herrscht und der erhöhte Methanausstoß selbiger die Dichte der Luft an der Oberfläche verändert, so dass Flugzeuge davon nicht mehr getragen werden.

Die Welt, auf der wir leben, ist eine besondere, die uns jeden Tag aufs Neue wieder vor Rätsel stellt. Doch was wäre das Leben, wenn wir nicht im stetigen Lernprozess vorwärts schreiten würden.
Der Weg ist das Ziel – auch wenn wir das Ziel nicht kennen.

STRAHLENDE WELT

[Meter um Meter, den ich abtauche, finde ich mehr und
mehr zu mir selbst zurück.]
Umberto Pelizzari

Das Erleben der Welt, die unter der Wasseroberfläche liegt, bereichert den Menschen in seinem Sein – nunja, zumindest einige. Nun gibt es doch einige Möglich-
keiten, diese Welt zu erleben. Der Mensch kann sich in ein U-Boot zwängen, doch
dabei fehlt beim Erleben der Kontakt mit dem Element Wasser. Er kann sich auch
eine Gerätetauchausrüstung besorgen, dabei ist man jedoch von der entsprechenden Infrastruktur abhängig, eine Tauchflasche mag ja auch gefüllt, ein Atemregler
gewartet sein.

Die dritte Variante – und zugleich auch die älteste – ist das Erleben der Unterwasserwelt als Freitaucher, oftmals auch Apnoeist genannt. Manch einer dieser
Taucher beteiligt sich dabei intensiv – und teilweise sehr erfolgreich – an sportlichen
Bewerben. Die sportliche Betätigung im Medium Wasser ist dabei für die meisten
dieser Athleten alles, das zählt. Sehr oft verlieren sie dabei ihre ursprünglichen
Beweggründe, die sie zum Freitauchen bewogen haben, aus den Augen:
die einfache Freude und der unbegrenzte Spaß am lautlosen Genießen der Unterwasserwelt.

Im Gegensatz zum Gerätetauchen herrscht in der Unterwasserwelt eines Apnoeisten absolute Stille. Die einzigen Geräusche, die der Freitaucher hört, sind sein eigener Herzschlag, das Wogen der Brandung und die vereinzelten Töne der Fische. Sei es, dass sie gerade einer lukullischen Mahlzeit frönen und dabei mit ihrem Kiefer Korallen zerbersten, oder aber – wie wir Menschen auch – sich lautstark untereinander verständigen.

Während eines Freitauchganges sind alle Sinne aufs höchste konzentriert, das Adrenalin sorgt für eine erhöhte Ausschüttung von Glückshormonen und der tägliche Stress wird abgebaut. Im Einklang mit der Natur in der ursprünglichsten Form, (fast) ohne jegliche Hilfsmittel (die Flossen und die Tauchermaske wollen wir an dieser Stelle mal durchgehen lassen), fühlt sich der Freitaucher eins mit dem ihn umgebenden – im Grunde genommen fremden – Element Wasser.

Freitauchen setzt sich bewusst aus den Begriffen „Frei" und „Tauchen" zusammen. Frei zu sein, ohne Zwänge und Regularien, losgelöst von allem und dabei eintauchen in eine neue, fremde, faszinierende Welt. Frei zu sein und durch das Tauchen Neues zu erleben – dies ist für die meisten Apnoeisten der Hauptgrund des Freitauchens.

Wir leben auf einem einzigartigen Planeten, dessen Oberfläche zu einem Großteil aus dem Element besteht, das es zu erhalten und zu beschützen gilt – dem Wasser. Die Welt ist eine sich ständig verändernde, ständig wachsende, aber auch ständig bedrohte. Sollte es gelingen, die Freude am Erleben dieser blauen Welt anderen Menschen weiterzugeben, könnten viele hausgemachte Probleme vermieden, beziehungsweise beseitigt werden.

Lasst uns aus den Missklängen und Missverständnissen beim Leben auf und beim Leben mit dieser blauen Welt eine Symphonie des gemeinsamen Erlebens der Freude an dieser wundervollsten aller Welten schaffen. Lasst uns alle die Freude, die uns Unterwasser erwartet und die wir beim Tauchen empfinden, auch anderen Menschen vermitteln. Dann können auch noch zukünftige Generationen erkennen, was uns Menschen am Leben erhält: die Unterwasserlebensräume unserer blauen Welt.

JEDES JAHR FALLEN
200 MILLIONEN HAIE DEM
MENSCHEN ZUM OPFER.

WENN DIE HAIE STERBEN, STIRBT DAS MEER

SHARKPROJECT

...TET DEN HAI. SONST STIRBT DAS MEER. WWW.SHARKPROJECT.COM